바람과 나무

바람과 나무

초판 1쇄 발행 2025년 2월 24일

지은이 유동균
펴낸이 장길수
펴낸곳 지식과감성#
출판등록 제2012-000081호

교정 주경민
디자인 강샛별, 김희영
편집 강샛별
검수 김나현, 이현
마케팅 김윤길

주소 서울시 금천구 벚꽃로298 대륭포스트타워6차 1212호
전화 070-4651-3730~4
팩스 070-4325-7006
이메일 ksbookup@naver.com
홈페이지 www.knsbookup.com

ISBN 979-11-392-2421-4(03810)
값 7,000원

- 이 책의 판권은 지은이에게 있습니다.
- 이 책 내용의 전부 또는 일부를 재사용하려면 반드시 지은이의 서면 동의를 받아야 합니다.
- 잘못된 책은 구입하신 곳에서 바꾸어 드립니다.

지식과감성#
홈페이지 바로가기

바람과 나무

유동균 시집

지식감정

차례

그림자	10
석촌호수	11
소금쟁이	12
산이 고요해도	13
까치집	14
문경새재	15
겨우살이	16
설날 아침에	17
고소대기(高笑臺記)	18
물안개	20
사랑은	22
봉우재	24
무명(無明)	25
꽃밭	26
세월은	27
돌미나리	28
일몰	29
강아지풀	30

영천벌	31
갈대꽃들	32
인생	33
명동	34
너는 바다	35
미망(迷忘)	36
꽃이라서	37
옥수수밭	38
살다 보면	39
너와 나는	40
불암사에서	42
인생이란	44
미나리	45
피아노	46
굴봉산	48
빛과 그늘	49
돌아가는 길	50
비 오는 날	51

만나는 거와 떠나는 거	52
회룡포에서	54
기벌포에서	55
시를 쓰는 것	56
산다는 거	57
은행나무 아래서	58
내가 살아가는 모습	59
콤파스	60
나이가 드는 것	61
소금쟁이	62
동그라미	63
까치 소리	64
소년	65
만나고 가는 거	66
구름 그림자	67
달그림자	68
미원	70
신선봉	71

먼 산	72
바람이 불어도	73
상징의 문	74
연	76
회상	77
눈물	78
오래된 만남	80
산딸나무	82
바다가 보이는 언덕	83
내연산에서	84
장미 축제	86
알렉산더	87
줄리어스 시저	88
탑	89
옥녀봉	90
돈 키호테	92
추억	94
기다림	95

느티나무가 있는 풍경	96
돌탑	97
가을비	98
늪	99
풍경	100
붓꽃	101
도소골	102
개화	104
할미꽃	105
찔레꽃	106
귀룽나무	107
스위스 마을에서	108
대관령에서	109
바람과 나무	110
대왕암	112
꽃을 든 여인	113
돌탑 아래서	114
눈빛	115

노을	116
갑천	118
삶이란	119
군불	120
후기	122

그림자

세상은 보이는 게
다가 아니다.
나 같으면서도
나도 아닌 것이 나를
따라다니기도 한다.
밤이 가면
아침이 오고,
빛이 있는 곳엔
그늘도 있지만,
살다 보면
내가 왜 사는지
모를 때가 많다.
오늘도,
어디선가 들려오는
밤바람 소리,
내 그림자 위에
몰래 덧칠을 한다.

석촌호수

출렁이는
물들을 보면
내 마음도 물처럼
출렁거린다.
산다는 것은 그렇게
출렁거리는 거다.
바람 앞에서
출렁거리고 있는
갈대들처럼
그리움의 깊이를
온몸으로
느끼는 거다.

소금쟁이

꽃은 해마다
피고 지고,
강물도 얼었다
녹았다 하는데,
난 시간마저
잃어버리고,
제 키보다 더 긴
다리를 가진
소금쟁이처럼,
하루 종일 물 위를
기어다니고
있었다.

산이 고요해도

산이 고요해도
일러 주는 이 없어
모르고 산단다.
내가 산으로 가서
산이 되고,
산이 내게로 와서
내가 되어도,
문득문득
떠오르는 것은,
산속에 살면서도
산을 의식하지
못하는 거다.

까치집

사람들 곁에서
사람들을 보고 살지만
너무 가까운 곳은 피했다.
하나의 나뭇가지가
천 갈래 만 갈래로 분화된
하늘 길을 따라가다
힘들면 잠시 쉬어가라고
쉼터를 하나 마련했다.
겨우살이보다 더
복잡하게 얽힌 미로는
달처럼 어둠을 밝히는
길이 되기도 했단다.
바스락거리는 바람 소리는
친근한 것 같으면서도
서러운 빛깔의
그림자를 남긴다.

문경새재

어머니의 품속처럼
가까우면서도
먼 산이 다가와
길을 열었다.
여기 있는 것보다
저기 있는 것은
어떻게 다른가.
그 다른 것들 때문에
얼마나 많은 세월이
이 관문을 따라
산딸나무꽃처럼
피고 졌을까.

겨우살이

길 위에서
길을 보고
사람을 보았습니다.
어떤 길은,
어떤 나무들처럼
마디마다 갈라지고,
어떤 길은,
어떤 사람을 품고
구부정한 나무를
따라갑니다.
잎이 진
떡갈나무 위에
겨우살이처럼
걸려 있는 까치집도
하현달을
물끄러미 바라보고
있습니다.

설날 아침에

설날 새 옷을 입고
차례를 지내는 건
세파에 찌든 마음을
정갈하게 하기 위함이다.
세배를 하며
덕담을 주고받는 건
본질에서 멀어지지 않게
자신을 둘러보는 일이다.
연이 하늘 높이
날기 위해
연줄에 매달려 있듯,
늘 옆에 있어서
느끼지 못하는 공기처럼
그네를 타듯,
설날 떡국을 먹으며
그릇의 숫자만 세지 말고,
무심히 지나쳤던
세월의 그림자도
한 번쯤은
살펴볼 일이다.

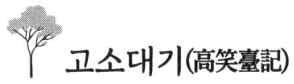 고소대기(高笑臺記)

택호는 기와집 댁,
둘째로 태어나서

홍천강 가로질러
양근 땅에 살림 나니

당호도 화수당(花樹堂)에서
고소대(高笑臺)로 바뀌었네.

동에는 보리산이
서에는 곡달산이

경술년 국치를
아는가 모르는가

할아버지 고매한 인품
창씨도 비껴갔네.

광무 십일 년엔
동래에서 배를 타고

현해탄 건너 건너
동경 땅 밟으시니

애증의 동인의숙을
어떻게 다니셨나.

개화가 으뜸이라
미원학당 열으시니

군자의 삼락 중에
하나는 누리셨나

간도에 뿌리신 꿈은
물거품이 되었구나.

 물안개

청평사 가는 길에
소양댐 배를 타니

선착장은 멀었는데
배는 어이 더디던가.

강변에 물이 빠지니
왜가리도 찾지 않네.

길가에 버드나무
단발머리 여학생을

지나가던 동자승도
힐긋힐긋 쳐다보니

구성(九聲)의 폭포 소리를
바람도 비켜가네

강물은 흘러 흘러
오봉을 넘어가고

해지고 달이 뜨면
부엉이도 슬피 울까

강변에 푸른 꿈들은
물안개로 피는데.

사랑은

사랑은
보이지 않을 만큼
멀리 있어도
볼 수 있는 것.
나무들처럼
제자리에 서서
해와 달을 바라보고,
북극성처럼 뭇별을
끌어당기는 것.
아침이면 뿔뿔이
헤어졌다
저녁이면 돌아오는
새처럼,
들리지 않을 만큼
멀리 있어도
들을 수 있고,
어디를 가든
중심을 잃지 않는
콤파스처럼,

느낄 수 없을 만큼
멀리 있어도
느끼는 것.

 **봉우재**

봄빛이 하도 좋아
봉화산을 찾아가니

솔향기 짙은 곳에
산새는 날아들고

장밋빛 꿈을 따라서
이어지는 봉우재길.

한 굽이 돌아가면
또 한 굽이 나타나고,

만남도 헤어짐도
산길에서 저무는가

산정에 쌓은 돌탑은
그걸 알고 있는지.

무명(無明)

어제는
앉아서 잤다.
누우면
코가 막혔다.
앉아서 자다 보니
자는 건지
깨어 있는 건지
알 수가 없다.
사는 것이 늘
그렇다.
문은 항상
열려 있는데
비바람이
칠 때가 많다.
거리엔 나무들이
별처럼 많은데,
잠시 쉬어 갈
그늘 하나 없다.

꽃밭

꽃이 피는 것을
보고 있으면
눈이 아리다.
내가 꽃을 보며
누군가를
그리워하는 건지
꽃이 나를 보고
누군가를
그립다 하는 건지,
꽃이 지는 것을
보고 있어도
눈이 아리다.

세월은

책을 펴도 글씨가
잘 보이지 않는다.
활자는 비포장도로를
달리는 버스처럼
뽀오얀 먼지 속으로
사라져 간다.
책을 읽지 말라는 건지,
책을 읽지 않아도 될
나이가 되었다는 건지,
세월은 왜
영혼은 가볍게 하면서
몸은 무겁게 하는 걸까.
그 빠른 것만큼
느린 것들의 거리를
어쩌라는 건지.

돌미나리

비구름은 늘
남쪽에서 몰려와도
돌미나리 향은
어디서 와서
어디로 가는 건지.
거기
꼭 달라붙어
오지도 못하고
가지도 못하는
새까만 민달팽이
같은 것들.
뽕나무 가지에
다닥다닥 열려 있는
새까만 오디
같은 것들.

일몰

해가 뜨는 것은
하루만큼의 길을 더
걸어가라는 거다.
살아온 날이 많으면
살아갈 날도 많다.
빛은 항상
빛나고 있지만,
누군가에겐 늘
그늘이기도 하다.
가진 것이 많아야
나눌 것도 많듯이,
하루해가 지는 것은
또 그만큼의 길을 더
걸어간 거다.

강아지풀

산다는 것은
어떠한 때도
가지지 못한다.
느끼는 순간
사라져 버린다.
지나간 세월은
돌아갈 수 없기에
더 그리운가 보다.
빛바랜 강아지풀들이
꼬리를 흔들며
어둠 속으로
사라져 가는 소리가
까맣게 들려올 때면,
노을빛을 바라만 봐도
가끔은 눈물이 난다.

영천벌

벽계천의 물들은
밤꽃 노랗게 핀
곱달산의
산그림자를 담아
어디로 흘러가는 걸까.
흐르는 물처럼
흘러가지 못하는
호박돌들이
물가에 버드나무처럼
바람에 흔들리고 있다.
잠에서 막 깨어난
고추잠자리처럼
영천벌은
노을빛으로
빨갛게 익어가고
있다.

갈대꽃들

어떤 갈대꽃은
다른 갈대꽃을 보며
해가 빨리
졌으면 한다.
또 어떤 갈대꽃은
또 다른 갈대꽃을 보며
해가 더디
지기를 바란다.
세상살이가 다
그런 건가 보다.
갈대꽃들도
모양과 색깔은
비슷해 보이지만
생각과 느낌이 다
다른 것처럼.

인생

다 살고 나면
미련 같은 것들은
남기지 말아야 한다.
콩밭을 매는 것이
콩 욕심 때문만은 아니다.
마음 붙이고 살아갈
그 무언가가 그리운 거다.
살다 보면 시간과 공간이
너무 많아도 그렇다.
마음이 떠나면,
몸도 따르지 못하는 것이
인생이니까.

명동

볼연지를 살짝 찍은
복숭아 같은 것들이
여름 햇살보다
더 따갑게
길 위를 걸어가고 있다.
까악, 까악,
까막까치의 울음소리는
정오를 알리는
성당의 종소리인가.
까악, 까악,
어디로 떠나려는 건가,
마네킹처럼 서서
누구를 기다리는 건가.
까악, 까악,
그 소리는
당돌함 때문인가.
수줍음 때문인가.

너는 바다

너는 바다다.
바람도 바람이 아니고
구름도 구름이 아니다.
너는 바다다.
비도 비가 아니고
눈도 눈이 아니다.
너는 바다다.
사랑도 사랑이 아니고
미움도 미움이 아니다.
너는 바다다.
시작도 시작이 아니고
끝도 끝이 아니다.
너는 바다다.
나도 내가 아니고
너도 네가 아니다.
너는 바다다.

미망(迷忘)

대문 안에
뱀 한 마리
어디서
들어왔는지
또아리를 틀고 있다.
내가 빤히 쳐다보자
저도 나를 노려본다.
어쩌다 뱀까지
한집에서 살게 되었나.
내가 사는 집이
내 집인지 아닌지
사는 게 그저
막막하기만 하다.

꽃이라서

꽃을 보는 것이
보이는 것이
그리울 때가 있다.
소리를 듣는 것도
향기를 맡는 것도
애틋할 때도 있다.
꽃 같은 사랑도
사랑이고,
꽃 같지 않은 사랑도
사랑이어서
꽃을 보는 것이
아릴 때가 있다.
꽃 같지 않은 것을
보는 것마저
아련할 때가 있다.

옥수수밭

옥수수밭으로
해가 지고 있다.
쇠비름이나
바랭이 같은
것들을 뽑아내는
내 손 끝으로
해가 지고 있다.
앞산 가득
울려 퍼지는
뻐꾸기 울음
소리를 따라
해가 지고 있다.
운동장보다 더 큰
구름 그림자를
걸어 놓은
신선봉 자락으로
해가 지고 있다.

살다 보면

살다 보면
마른 가지에
싹이 트는 날도
있다더라.
하나에 하나를
더하면
둘이 되기도 하고,
한 사람의 마음과
또 한 사람의
마음을 더하면
가늠하기 어려워서,
살다 보면
마른하늘에
날벼락이 치는 날도
있다더라.

너와 나는

오, 인간이여!
너는 누구인가?
내 곁에 그림자처럼
따라다니는 구름도
이승과 저승을 맴도는
한 줄기 바람일 뿐이다.
내 눈이 닿는 곳에
네가 있든
네 손이 닿지 않는 곳에
내가 있든
너와 나는 그저 어둑한
안개일 뿐이다.
오늘도 피안의 강을 넘는
까막까치의 울음소리를
따라가다 보면
어느새
그 까악까악 소리에
또 하루가 저무는구나.
강물도 저 언덕을

돌아 흐르면
이제 강물이 아니다.
네가 언제까지 한 마리
해오라기처럼
물 위에서 떠 있을 수
있겠는가!
갈대꽃처럼 서서
너를 바라보는 나도
결국 어둠이 오면
너도 아니고 나도 아닌
우리가 되는 거다.

불암사에서

부처님 오신 날엔
불암사에 걸린 연등
숫자만큼의 염원을
어쩌라는 건지.
마애불도 사리탑도
우두커니 서서
오가는 사람들을 다
어쩌자는 건지.
산사엔 염불 소리가
아카시아 꽃비 되어
하얗게 날리고
있었다.

부처님오신날에 불 앞 사에 걸린 연등 숫자 만큼의 염원을 어쩌라는 건지 마애불도 사리탑도 우뚝커니 서서 오가는 사람들을 나 어쩌자는 건지 산사엔 염불소리 가야 카시야 꽃비 되어 하얗게 날리고 있었다

무술년 봄 초 불 안 사에 서 붓을 쓰 고 옥계

인생이란

인생이란
해오라기처럼
잠시 물가에
발 담그고 있다
어디론가
날아가
버리는 것

미나리

우민(牛民)이
돌미나리 한 줌
뜯어 왔더니
미암(美岩)이
거머리가 있다고
손사래를 친다.
거머리가 아니라
물달팽이라 했더니
머쓱해서 웃는다.
비 온 뒤에 하늘엔
돌미나리 향이
저녁노을처럼
붉게 물들고
있다.

피아노

너는
피아노 건반처럼
손만 닿으면
금방
소리가 난다.
너를 바라보는
애잔함에
내 손가락이 하얗게
물이 들고,
나를 바라보는
아련함에
네 손가락은 까맣게
타는구나.
저기 저
두물머리에는
안개만
자욱한데
너의
희로와 애락이

나의
희로와 애락인양,
나도
피아노 건반처럼
손만 닿으면
금방
소리가 난다.

굴봉산

초가을 햇빛에
생강나무 열매가
까맣게 익어 가는
굴봉산의 산길을
걸었다.
길도 아닌
길들을 지나
우물 굴과
이심이 굴을 지나
소슬바람처럼
굴봉산의 산길을
넘었다.

빛과 그늘

세상엔
보이는 것보다 더
아름다운 것은 없다.
인생도
보는 것보다 더
행복한 일은 없다.
벼랑 끝에 서 있는
소나무가
아름다운 것은
빛이 있기 때문이다.
그리고,
그늘이 있어 더
행복해 보이는 거다.

돌아가는 길

솔고개를 넘으면
미원뜰이 보인다.
세상에 예쁜 꽃이
여기 다 모여 있어,
햇살 가득한 날
만나러 가는 길은
얼마나 설레임이
많았던가!
꽃처럼 피었다가
꽃처럼 지는 세상에
아침부터 내리는
비는 하루 종일
그칠 줄을 모르는데,
먹구름을 뒤로하고
돌아가는 길은
왜 그리 어둡기만
한 건지.

비 오는 날

비 오는 날
비에 젖은 사람들은
어디서 오는 건지.
어디로 가는 건지.
빗방울을
따라가는 건지.
빗방울이
따라오는 건지.
비 오는 날
비에 젖은 사람들이
어디로 가는 건지.
어디서 오는 건지.

만나는 거와 떠나는 거

빛은 언제 여기를
지나갔을까.
왜 그건 느끼기도 전에
재빠르게 사라져
버리는 것일까.
해가 지면 어둠만 남고
꽃이 진 들길엔
빛바랜 풀포기들이
오래된 책처럼
쌓여만 간다.
멀리 보고
멀리 가고 싶었다.
가난이란 것과
인습이란 것에서
벗어나 좀 더
자유롭고 싶었다.
그런데 그렇게
멀리 떠나간 곳이
고작 내 발밑이었다니.

회오리처럼 내
곁을 맴돌고 있는
바람이었다니.
버리고 싶어도
버리지 못하고
떠나고 싶어도
떠나지 못하는 것이
인생이라 그런가.
기다려도 늘
한 걸음씩 늦는 것은
그늘이고,
따라가도 늘
한 걸음씩 빠른 것은
빛이라서 그런가.

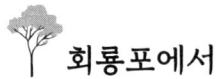 **회룡포에서**

빛을 만들 수 있으면
얼마나 좋을까.
난 빛을 만들 줄 모른다.
난 빛을 따라갈 뿐이다.
수줍음도 알고
순박하기만 했던
너와 내가
이렇게 앙칼지게
변해 가는 모습에
사뭇 놀란다.
누가 빛을 만들 수
있단 말인가.
누가 그늘을 모두
지울 수 있단 말인가.
난 그늘도 만들 줄 모른다.
다만, 난
그늘을 피해 갈 뿐이다.

기벌포에서

기벌포 해전은
무모해 보였지만
무모한 건 아니다.
바다 위로
하늘길을 내는
철새들이나
솔밭 사이로
보랏빛 꽃을 피우는
맥문동도
무모해 보이기는
하지만,
파도가 지나간
해변에서
뻘을 일구는
바닷게들처럼
무모하기만 한 건
아니다.

시를 쓰는 것

시를 쓰는 것은
유리창을 닦는
것과 같다.
호호 입김을 불어
유리창에 낀
성애를
말끔히 닦아내야
세상이 바로 보인다.
외줄에
목숨을 걸고
파리처럼 매달려
유리창을 닦는 것처럼
시처럼 사는 삶도
절박한 거다.

산다는 거

산다는 건
어떤 걸까.

눈 뜨면 이승이고,
눈 감으면 저승인데.

삶과 죽음은
무엇일까.

살아도 산 게 아니고,
죽어도 죽은 게 아닌 것을.

사랑이란
또 무엇인가.

빛이 있는 곳엔
그늘도 있는 것을.

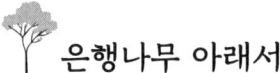 ## 은행나무 아래서

하루 종일
나비처럼 날았다.
노오란
그리움에 취해
춤을 추며
색 바랜 신문지들을
노을빛에
붉게 물들이며
은행잎이
소복이 쌓이는
노오란
그리움 속을
하염없이 날았다.

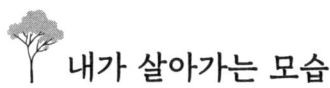 내가 살아가는 모습

내가 살아가는
모습은 어떤가.
욕망이라는
덫에 걸려
세월을 허비하고,
애증의
그림자에 쌓여
영혼마저
병이 들었나!
조금만 버리면
맑아질 텐데.
조금만 덜 가져도
가벼웠을 텐데.
등 뒤에선
또 다른 내가 나의
옷자락을
잡는다.

콤파스

두 다리가 다
축이 될 수 있을까!
지구가
중심을 잡아야
달도
원을 그리는데,
밤이 되면
별들이
볼 수 있을까!
사람들이 모두
동그라미 안에
갇혀 있는 걸.
어쩌면 좋으냐!
아침이 되면
별마저 볼 수
없는 것을.

나이가 드는 것

나이가
든다는 것은
중심의 이동을
꿈꾸던 지난날을
돌아보게 되는 거다.
산을 오르며
세상을 내려다
보기도 하는 거다.
나이가 들어
간다는 것은
중심에서
점점 더 멀어져
가는 거다.
점점 더 멀리
가는 거다.

소금쟁이

평범하게
산다는 게 뭐
별거겠냐.
남 탓하지 말고
자신을 돌아보며
사는 거지.
풀은 풀끼리
나무도 나무끼리
어울리며 사는데,
인생이라고 뭐
별거겠냐.
소금쟁이처럼
물 위를
걸어 다니다가
잠시 하늘을
날아 보기도
하는 거지.

동그라미

콤파스는
자기 중심을
잡을 만큼의 발을
벌리고 서서
스스로를 제어할 만한
크기의 동그라미
그린다.
하늘이 보고 있어도
땅을 보고 있어도
하나는 작고 빠르게
또 하나는 크고 느리게
같은 곳을 바라보며
동그랗게
그린다.

까치 소리

잎이 진
미루나무
꼭대기에,
까맣게 타버린
까치집이
나처럼 서서
나를 보고 있다.
어디서
날아왔는지,
어디로
날아갔는지,
까악까악
소리를 따라
바람은 남쪽에서
불고 있다.

 소년

하늘엔
비행기가 남기고 간
한 가닥 길고 하얀
연기 위에
서러운 빛깔의
그리움이 눈처럼
쌓이고,
세상엔
환히 보이지만
다가갈 수 없는
유리 벽에
하얗게 바랜
그리움이 성에처럼
쌓인다.

만나고 가는 거

삶이란
물이랑처럼
물 가운데로
만나러 오는 거다.
오디프스
콤플렉스나
프로메테우스
콤플렉스처럼
서로 부딪치며
만나러 가는 거다.
불안한
물이랑들처럼
시간의
여울을 따라
밀고 밀리면서
만나고 가는 거다.

구름 그림자

구름 위에서
풀을 뜯는
양 떼들의
눈물이
창호를 적시면,
어두운 방
가득
넘치는
붉은
색소폰 소리.

달그림자

정서나
마음은
어떤 것일까.
잎이 지면,
나무가
새잎을 준비하듯,
사람이 가면
세상도
아무런 느낌 없이
새사람을 맞이하나.
그런데도
난
스물 몇 살 때
알아 가던
프로이트의 토템,
엘릭 프롬의 자유,
바실라르의 불,
니체의 초인 같은
것들과

이순이 넘도록
술래잡기를 한다.
절이나
성당을 찾는
사람들에 비하면
그 시간의
길이야
미미하지만,
오늘도
물 먹은
달그림자를
망태기에
하나 가득
담는다.

 미원

미원을 둘러보니
종소리도 정겨운데,

머리에 하나 가득
세상을 다 담았던

청운의 푸른 꿈들은
어디 어디 있는지.

 **신선봉**

신선봉 올라보니
발아래 강물이라.

자치기 하던 아이
고무줄 하던 아이

노을이 손짓하는 걸
아는가 모르는가.

먼 산

떡갈나무
사이로 보이던
하늘이
갈잎에 가려
보이지 않는다.
오는 것은
모두 반가운데,
가는 것은
왜 서러울까.
검은 머리 속으로
언뜻언뜻 보이는
산그림자,
차마 볼 수 없어
먼 산만 바라
본다.

바람이 불어도

비가 와도
해가 뜨듯이,
보이지
않는다고
빛이 없는
것은 아니다.
바람이 불어도
꽃이 피듯이,
들리지
않는다고
소리가 없는
것은 아니다.
눈이 와도
달이 뜨듯이,
만질 수
없다고
향기가 없는
것은 아니다.

상징의 문

동물원에 있는
호랑이는
호랑이가 아니다.
호랑이의
상징일 뿐이다.
기호도
사물이 아니라
사물의
상징일 뿐이다.
새장 안에 있는
새의 자유는
자유가 아니다.
자유의
상징일 뿐이다.
양식장 안의
물고기들은
평등하지 않다.
평등의
상징일 뿐이다.

세상은
상징의 문을
넘어야
상상의 문이
열린다.

연

연이
하늘을
날 수 있는 건
바람을
참아 내고 있기
때문이다.
연줄이
초승달처럼
하늘을 가르고
있기에
연은 자유롭게
날 수 있다.

회상

앨범 속의
색 바랜
흑백사진을
만지작거리다
보면,
돌아가기에는
너무 먼
길이지만,
가까우면서도
멀고
멀면서도
가까운
얼굴들이,
조팝나무
꽃처럼 하얗게
피고 있다.

눈물

부엌도 없는
단칸방에
세 들어
일곱 식구가
배추껍데기나
주워다 먹고살던
그때를 생각하면
지금도
눈물이 난다.
구들장 틈으로
스며들던
연탄가스에
취해
이승과 저승을
오가던
그때를 생각하면
아직도
눈물이 난다
매일

십여 리 길을 걸어
학교를
다녔지만
극과 극을 오가던
내 성적표를
생각하면
왠지 모르게
눈물이 난다.
산도 그립고
물도 그리운데
어쩌다
세월을 따라
떠나다 보니
해가 지는 것을
바라만 봐도
자꾸만
눈물이 난다.

오래된 만남

그땐 노을빛에
물든 유리창이
너무 아름다웠다.
빛이 지나간 뒤에 오는
어둠도 공허하거나
슬프지 않았다.
교실이 보이는 언덕에
소나무처럼 서서
어둠을 맞이하는 것도
신비롭기만 했다.
그렇게 한 세대가
지나가던 어느 날
잠시 만나러 왔다
만나고 가는 길엔,
익숙하면서도 낯설어
보이는 얼굴들이
노을빛 속에서
바스락거리고
있었다.

산딸나무

파아란
잎새 위에
하얗게 핀
산딸나무
꽃들이
나비처럼
앉아 있다.
파란 꿈에
젖은
날개 위엔
별빛이
눈처럼 내리고
있다.

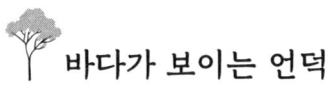 **바다가 보이는 언덕**

바다가 보이는
언덕에 앉아
해가 뜨고
지는 것을
하루 종일
바라보았다.
해도
보고 있었다.
바다도
보고 있었다.
오래된
소나무도
갓 깨어난
칡넝쿨도
보고 있었다.

내연산에서

한 굽이
돌아가니
꾀꼬리가 운다.
빗길에
조심하라고,
미끄럽지
않냐고
꾀꼴꾀꼴
꾀꼬리가 운다.
또 한 굽이
돌아가니
개구리가 운다.
춥지는
않았냐고,
배고프진
않았냐고,
개굴개굴
개구리가 운다.
한 고개

넘어 가니
뻐꾸기가 운다.
외롭지
않더냐고,
쓸쓸하지
않더냐고
뻐꾹뻐꾹
뻐꾸기가 운다.
또 한 고개
넘어가니
매미가 운다.
인생이
의미 있는 거냐며
사는 게
보람 있는 거냐며
맴맴맴맴
매미가 운다.

장미 축제

장미꽃 보러
천변에
나갔더니
꽃보다
사람들이 더
많았다.
꽃내음도
사람에 가려
보이지
않았다.

알렉산더

그의 이상대로
세계가 하나의 제국이
될 수 있을까.
귀족들의 자녀들을
데리고 귀순한
어느 교사가
그 자녀들을 인질로
성을 빼앗으라고 하자,
그 교사를 벌하고
귀족의 자녀들은
모두 돌려보냈다지.
전쟁은 이기는 것이
목적이지만
비열한 수단을 통해
이길 만큼 가치가 있는
것이 아니라는
그의 제국은 지금
어디에 있는 걸까.

줄리어스 시저

그의 병사들은
어땠을까.
전쟁에서 이기면
전리품은 모두
그들의 차지였으니까.
명예만을
가지려는 사람은
정말 거룩한 걸까.
그 명예를 갖기 위해
어렸을 때부터
맛없는 음식만
골라서 먹고,
딱딱한 나무 침대에서
잠을 잤다지.
그의 모습이
오늘 밤 보름달처럼
보이는 것은
왜일까.

탐

햇빛
한 줄기만
보아도
그걸 가지려
천 갈래
만 갈래로
찢으려는
사람들.
바람 소리
한 가닥만
들려도
그걸 탐하느라
천 가닥
만 가닥으로
분화하는
잎새들.

옥녀봉

생이란
삶과 죽음을
이어주는
현수교 같은 것.
재빠르게
그 위를 지나가는
구름처럼
덧없는 것.
이승과 저승을
이어주는
두 개의
주탑 위에서
점멸등이
반짝이는 것은
어떤 삶이
또 다른 삶을
탐할까 봐
떨고 있는 걸까.
사량도의 지리산은

보이는 곳 아니라
보는 곳이듯,
다리 아래로
흘러가는 달빛을
옥녀봉은
언제부터 보고
있는 걸까.

돈 키호테

그는
스스로
욕망이 생기고
그 욕망을
이루기 위해
노력했지만 결과는
늘 무모했다.
스스로는 욕망이
생기지도 않고
삶을 만들지도 못하는
산초 판자,
그의 삶까지
안고 가려 했다.
양 떼를 적인 줄 알고
공격했고,
풍차를 거인인 줄 알고
공격하다 부상을
당하기도 했다.
루카치의 말처럼

눈앞에 환히
보이는데
유리 막에 가로막혀
가지 못하는 세상처럼
왜 그의
우산 속은
늘 빗물에
젖어있는 걸까.

 추억

지금은
되돌아갈 수
없지만
문득문득
생각나는 것.
비 오는 날에
피어오르는
운무처럼
신비하면서도
아련한 것.

기다림

배추나
무우가 자라는
것을 보면,
가을도 기다린다.
죽음 가까이
가는 것도
모르고 기다린다.
그래서 삶은
죽음보다
더 강한가 보다.
기다림이
너무 간절하면
천둥과 번개를
불러오기도
하니까.

느티나무가 있는 풍경

새들이
모두 떠난
앙상한
느티나무 옆에
서 있는
돌탑 아래에도
하얗게
눈이 쌓이고,
그 위에
달빛에 젖은
검은 그림자가
맥없이,
바람에
흔들리고
있었다.

돌탑

알밤이
뚝뚝
떨어지는
밤나무 옆에
하루 종일
돌을 쌓았다.
바라는 것도
바라던 것도
없지만
땀방울에
하얗게 젖은
마음을 쌓았다.

가을비

오리나무가
잘려나간
그루터기에서
얼마나 많은
새싹이
돋아났던가.
하나가
열이 되고
백이 되는
분화의 과정을
아는지
모르는지
가을비가
무심하게
내린다.

 늪

너와
나 사이엔
지울 수 없는
그늘이 있어,
한발
다가서면
한 발 더
멀어지는
것 같다.
너와
나 사이엔
채울 수 없는
늪이 있어,
한발
물러서면
한 발 더
가까워지는
것 같다.

 풍경

잠자리는
오리나무 끝에
걸린 연처럼
은행나무
꼭대기에서
하염없이
날고 있었다.
사랑채를 떠받든
기둥들도
파아란 하늘 속으로
잦아드는
별빛을 따라
속절없이 기울고
있었다.
빨갛게 익어가는
앵두처럼
내 맥고모자에
맺힌 땀방울들도
노을빛에 젖어
맥없이
떨어지고 있었다.

붓꽃

세상에는
같으면서도
다른 꽃들이
너무 많다.
활짝 핀 붓꽃도
먹물을 만나야
붓이 되지만,
글 꽃이 피면
소리와 향기가
다 다르다.
정치라는 꽃이
사디즘이라면
문학이라는 꽃은
나르시시즘이듯
세상에는
가치와 값을
매기기 어려운
꽃들도 참
많다.

도소골

저기 뭐가
보이는 것 같아
가까이
다가가 본다.
들어도
들을 수 없는 것이
풀인지
나무인지.
거기 뭐가
들리는 것 같아
가만히
들여다 본다.
보아도
볼 수 없는 것이
삶인지
죽음인지.
여기 뭐가
있는 것 같아
살며시

기대어 본다.
만져도
만질 수 없는 것이
빛인지
그늘인지.

 개화

배롱나무
붉은 꽃 틈으로
보이는 거미줄같이
얽힌 시간
속에는
자기 집보다도
더 키가 큰
아이 하나가
이제 막
잠에서 깨어나
검게 멍든
새벽하늘을
빨갛게
적시고 있다.

할미꽃

하늘만
하늘만 하던
나보다
나를 보던
네 얼굴이
더 빨갛고,
달빛만
달빛만 하는
너보다
너를 보는
내 눈썹이
더 하얗구나.

찔레꽃

빠알간
그리움일까.
추녀 끝에 물든
햇살처럼,
눈빛이
따스한 것은.
하아얀
외로움일까
쪽마루에 기댄
달빛처럼
손끝이
차가운 것은.

 귀룽나무

귀룽나무
향기가

뜰 안에
가득하니

솔잎도
파릇파릇

아지랑이
감도는데

새하얀
꽃구름 위로

피어나는
무지개

스위스 마을에서

성묘를 마치고
돌아오는 길에
저기 저 언덕을
올라가는 것이
아무것도
아닐 것도 같은데
저기 저 모퉁이를
돌아서는 일도
아무렇지도
않을 것도 같은데
그런데도 왠지
쓸쓸하게만 보이는
내 어머니의
뒷모습.

대관령에서

늘 무엇인가
빠진 것 같다.
알맹이가
없는 것 같다.
대관령에 오르면
볼 수 있을까.
강릉에 가면
만날 수 있을까.
보고도 못 보고
들어도 못 듣는 것이
사람이라서,
살아도 그렇고
죽어도 그런 것이
삶이라서.

바람과 나무

잎이 진다고
나무는 잎을
따라가지 않는다.
바람이 불어도
나무는 바람을
따라가지 않는다.
바람에 나무가
흔들리는 것은
그리움과 아픔의
표상이지만,
잎이 지는 것은
미련과 아쉬움을
털어내기 위한
몸짓이다.

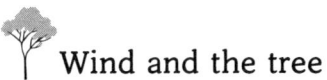 Wind and the tree

Just because leaves fall
the tree doesn't follow.
Even when wind blows
the tree doesn't follow.
Though
the tree swaying
by wind
displays
yearning and aching,
the leaves falling
is a gesture
to shake off
lingering attachment and sorrow.

채가람 역

대왕암

대왕암은
보고 있을까.
바람이 아침마다
새벽하늘을 빨갛게
물들이는 것을
갈매기 떼들이
잠든 바다를 파랗게
일으켜 세우는 것을.
대왕암은
알고 있을까.
삶은
눈 뜨면 이승이고
눈 감으면 저승인 것을.
그리움이
파도처럼 하얗게
밀려가야 하는 것을.

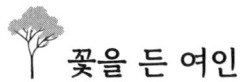 꽃을 든 여인

꽃을 든
여인이
스핑크스를
본다.
커다란 잿빛 눈동자
속으로
나르치스와
골트문트의
얼굴이 보인다.
빛이었나
어둠이었나.
꽃도 아니고
여인도 아닌 것이
무심하게
정말
무심하게
서쪽 하늘을
빨갛게 물들이고
있다.

돌탑 아래서

한 사람이
오고 있다.
나는 제자리에
서 있는데
바람은 왜 그렇게
차가운 건지
어제는
아무 생각도 없이
하루 종일
돌탑을 쌓았다.
오늘은
어제 못다 쌓은
돌탑 아래서
하루를 보냈다.
또 한 사람이
오고 있다.
시간은 마냥
그 자리 같은데,
나는 거기서
점점 멀어지는
것 같다.

눈빛

백일이
갓 지난
네 손등은
눈처럼
하얀데
내일모레가
고희인
내 손등은
떡잎처럼
노랗구나.

 노을

버스가
안개 자욱한
강변을 지나면
햇살 가득한
언덕이 보인다.
길가에
버드나무는
단발머리 한
여학생의
머리칼처럼
바람에
흔들리는데,
어디서
날아왔나
까치 한 마리
전깃줄에
연처럼
매달려 있다.
상고머리 한

총각의
머리 같은
산등성이엔
빨갛게
노을이
지고 있다.

갑천

파란
솔잎 사이로
보이는
뻥 뚫린
하늘 속으로
가을이
뚝뚝 떨어지는
소리가
노랗게
들린다.

 삶이란

소꼬리에
달라붙은
파리 떼처럼
아무리
털어내려 해도
떨어지지
않는 것.
돌 밑에
달라붙은
거머리처럼
아무리
떼어내려 해도
떨어지지 않는 것

군불

창호지
한 장으로
겨울을
가려야 했던
내 유년의 뜰에는
나보다
작은
초가집에서
군불을 때던
그때 그
부지깽이가
빨간 아궁이
속으로
까맣게
타들어 가고
있다.

후기

　나무는 바람에 흔들리지만 바람을 따라가지는 않는다. 그런데 흔들리는 것과 따라가는 것에는 어떤 공통점과 차이점이 존재하는 걸까.
　같으면서도 다르고, 다른 것 같으면서도 같은 사람들 속에서, 흔들리고 싶지 않아도 흔들려야 하고, 따라가고 싶지 않은데도 따라가야만 할 때도 있는 것이 인생이라면 이 얼마나 쓸쓸한 것인가.
　세상에는 덧없어 보이는 것과 그렇지 않아 보이는 것이 정말 있기는 있는 걸까. 그 길 위에 서 있는 나의 시간을 돌아보기 위해 나는 나만의 공간이 하나 더 필요했었는가 보다.

2025. 1. 5.
유 동 균